アルケミスト双書　タロットの美術史〈7〉

吊られた男・死神

鏡 リュウジ

✳

The Hanged Man & Death

Ryuji Kagami

はじめに

タロットが人生というゲームを映し出しているのだとすれば、
そこには光ばかりではなく暗い影が存在しなければ嘘である。
確かに人には希望が、そして慰めが必要だ。
世にあふれる人生の指南書には望む将来を
たやすく実現できると言わんばかりの惹句が並ぶ。
強く念じれば叶う。望みは現実になる……
そんな言葉があふれているが、これは一種の逆説であろう。
自分の力ではどうしようもない、厳然たる現実がこの世界には存在する。
だからこそ、人はキラキラした「慰め」の言葉に惹かれるのだ。
キリスト教の原罪にしても仏教の無常にしても、
歴史に残る世界の偉大な宗教や哲学、思想はすべて
「願っても叶わないこと」が存在するということと真剣に
向き合ったことから生じ、発達してきたことを思い出そう。
偉大な霊的伝統と同じく、タロットも人生の厳しさを直視する。
そう、人生の苦しみは「吊られた男」として、
そして誰も逆らうことができない死の現実は「死神」として。
タロットの寓意は誰もが向き合う苦難や悲しみを
これ以上ないほどダイレクトに表現している。
苦の表現は普遍的だが、人はそれを自分だけのかたちとして生き、
かけがえのない人生を紡いでいく。
本書の多様な「吊られた男」と「死神」はそのことを見事に示している。

鏡 リュウジ

ピーテル・ブリューゲル1世《死の勝利》
1562-63　プラド美術館蔵（マドリード）

ウェイト＝スミス版〈吊られた男〉
Waite-Smith Tarot
1910 イギリス／ロンドン 夢然堂蔵

吊られた男

12

タロットの中でもひときわ強烈な印象を与える「吊られた男」。古くから執行されてきた刑罰を描く図像だが、苦しみや逆境を暗示するこのようなカードが存在したのはなぜなのか。タロットの物語でどんな意味を持つのかを紐解いていこう。

吊られた男 / *The Hanged Man*

逆さ吊りのまま、
穏やかな表情で何を語るのか

「吊られた男」の札はタロットの切札の中でもひときわ印象的なもののひとつである。

ウェイト＝スミス版に代表される現代的なタロットの「吊られた男」〔7, 25頁〕を見てみよう。男性が片足を縛られ、逆さ吊りにされている。普通ならその表情は苦痛にゆがむはずだが、いたって穏やかである。それところか彼の顔には後光まで差している。この人物は聖者なのだろうか。自ら進んで身を捧げているとでもいうのだろうか。

しかし、歴史を遡ってみると、タロットの「吊られた男」の姿はさほど謎めいたものではなかったことがわかる。タロットが成立した15世紀頃、裏切り者に罰を与えるための重要な刑罰の方法のひとつが、この「逆さ吊り」だったというのである。

逆さ吊りの刑は、犯罪者を「さらしもの」にして、その名誉を地に落とすための方法だったということだ。生命を奪うばかりでなく、その人物から名誉をも剥奪するきわめて過酷な刑罰だったのである。

しかし、ここで描かれている「罪人」は自分とは関係のない他者なのだろうか。第5巻で見た「正義」の札で僕たちが突きつけられたのは、「正義」とは何か、真の公正さとは何かという深い問いであった。人は無謬ではありえない。ある意味、人はみな罪人である。そしてみな何らかのかたちでその「罰」を受けているのではないか。肉体をもって生きる以上、不条理な辛さや痛みを感じることはあるはずだ。

一生という旅の中で、誰もが一度ならずとも「吊られた男」となる。そのとき、僕たちはその状況といかに向き合うのだろう。このように考えてみると、現代版タロットの穏やかな「吊られた男」の表情からはまた新たに感じられるものがあるのではないか。

ヴィスコンティ・スフォルザ版
〈吊られた男〉

Visconti-Sforza Tarot
1450-80頃　イタリア／ミラノ
モルガン・ライブラリー・アンド・
ミュージアム蔵（ニューヨーク）

現存する最古の「吊られた男」の
札のひとつ。15世紀のイタリアで
は、片足で罪人を吊るし刑に処す
るというのが裏切りなどの重罪へ
の罰だったという。この刑はとく
に罪人に恥辱を与えるもので、そ
の姿を描く「ピットゥラ・インファ
マンテ」という絵画ジャンルまで
誕生した。タロットの「吊られた
男」はその典型例だとされる。

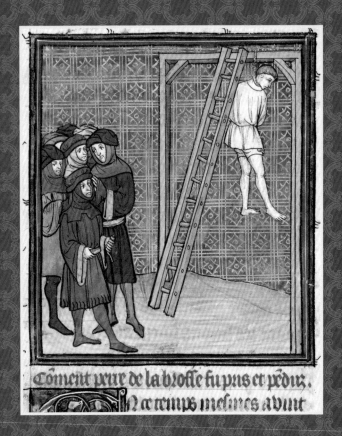

Coment pierre de la brosse fu pris et pendus.

En ce temps mesmes avint

名画に見る〈吊られた男〉

『フランス大年代記』より
《ピエール・ド・ラ・
ブロスの処刑》

14世紀後半　写本挿絵
大英図書館蔵 (ロンドン)

首吊り刑は古くから文献に記録され、ま
た絵にも描かれてきた。フランス王フィ
リップ3世の寵臣ピエール・ド・ラ・ブ
ロスは周囲の妬みを買い、濡れ衣を着せ
られて絞首刑に処された。その悲しい運
命はダンテの『神曲』にも詠われている。

ローゼンワルド・シート
〈吊られた男〉
Rosenwald Playing Cards
15世紀　イタリア
ナショナル・ギャラリー蔵（ワシントン）

片足で吊られ、刑罰を受けている
男の姿が描かれている。手にした
袋には、金貨が入っているのだろ
うか。ユダのようにわずかな金で
裏切り行為を働いたことを示して
いるのかもしれない。

シャルル6世のタロット
〈吊られた男〉
Charles VI Tarot
1475–1500頃　イタリア　フランス国立図書館蔵（パリ）

フランスのシャルル6世が描かせたタロット
と誤認されていたが、実際には15世紀の作。
片足吊りの刑が描かれるが、一方の脚が無
様に曲がり、刑の惨さが伝わってくる。

名画に見る〈吊られた男〉

アンドレア・デル・サルト
《吊られた男のスケッチ》

1529-30頃　赤チョーク／紙
チャッツワース・ハウス蔵
（ダービーシャー）

片足で吊られた2人の男は実際の処刑をスケッチしたもの。イタリアの一部の地域で執行された片足吊り刑は品位を落とすための方法で、たいていは反逆者に適用されていた。

作者不明のパリジャンのタロット
〈吊られた男〉

Tarot Anonyme de Paris
1600–50頃　フランス／パリ
フランス国立図書館蔵（パリ）

歳を重ねたように見える人物が片
足吊りの刑に処されている。人生
の終盤において、彼はなぜ、そし
てどんな罪を犯したのだろうかと
想像が膨らむ。

名画に見る〈吊られた男〉

ジョット・ディ・ボンドーネ
《最後の審判》(部分)
1306　フレスコ壁画
スクロヴェーニ礼拝堂蔵(パドヴァ)

現世で罪を犯し、地獄で拷問に苦しむ人々の姿をリアルに描く。右上の修道士と女性の2組のカップルは不義を犯した罪のために、容赦なく舌や性器をくくられ吊るされている。

タロッキ・フィーネ・ダッラ・トッレ
〈吊られた男〉
Tarocchi Fine dalla Torre
17世紀　イタリア／ボローニャ
フランス国立図書館蔵（パリ）

二重螺旋状に美しく装飾された2本の柱
の間に「吊られた男」。手は背後で縛られ
ているようだ。上下に見られる12の数字
は後の双頭の札の先駆だろうか。

ミテッリ・タロッキ
〈殺人〉
Tarocchini Mitelli
1660-70頃　イタリア
フランス国立図書館蔵（パリ）

ボローニャの版画家ジュゼッペ・マリア・
ミテッリによるとされる変形タロットか
らの1枚。「吊られた男」として割せられ
る前の罪人を描いていると思われる。

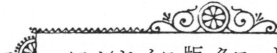

マルセイユ版タロットの世界

文・夢然堂

木の処刑台に、足をくくられて逆さ吊りにされる男。ミュラー版のみ両足を縛られているが、1557年リヨンで制作されたカトラン・ジョフロワ版というパックから見られる古いデザインを、大体において継承している珍しい例である。

コンヴェル版上枠の札番に注目すると、微妙に右寄りの位置にあることがわかる。これはもともと"IIX"となっていたのを、Xはそのままに IIだけその右に移動させた修正の痕跡らしい。

さて、件の"IIX"という表記だが、実は18世紀までのマルセイユ版には多く見られたものである。つまり、描かれた人物に合わせるかのように、札番まで逆さまにされていたのだ。

ここで連想されるのが「逆さまの世界（mundus inversus）」という、かつてヨーロッパで大流行したコンセプトである。さまざまな固定観念がひっくり返された世界を表現したもので、古くは奴隷と主人が立場を入れ替えた古代ローマのサトゥルナリア祭、また下級聖職者たちが教皇や枢機卿の役を担った中世の愚者祭など、芸術の世界に限らず一般社会に広く浸透していた。

15世紀末オランダのある版画に、この概念の象徴として逆立ちする農民の姿を描いたものがある。古いタイプのマルセイユ版では往々にして男の両肩あたりに手指らしきものが覗いており、逆立ちの姿に通じる感があるのは興味深い。さらにこのタイプの場合、概して男が舌を出しているように描かれている。まるで固定観念に囚われて自分を見る観衆たちを、嘲っているかのごとく。

ここにもまた、最下層庶民の愚者たちが皇帝や教皇らを凌いでゆく、タロットのゲームに秘められた反骨精神のようなものが感じられる。

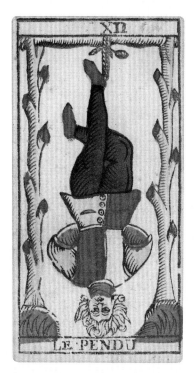

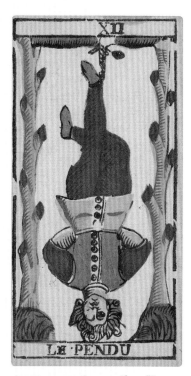

ルヴァンのニコラ・コンヴェル版
〈吊られた男〉

Tarot of Marseilles by Nicolas Conver
1860年代頃　フランス／マルセイユ　夢然堂蔵

カモワンのニコラ・コンヴェル版
〈吊られた男〉

Tarot of Marseilles by Nicolas Conver
19世紀末　フランス／マルセイユ　夢然堂蔵

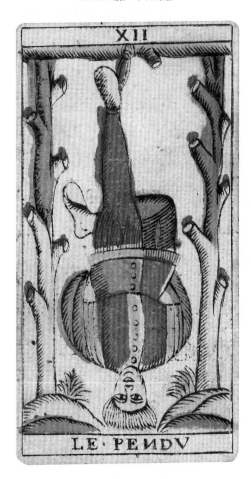

ルノーのブザンソン版〈吊られた男〉

The Besançon Tarot by Renault

19世紀前半　フランス／ブザンソン　夢然堂蔵

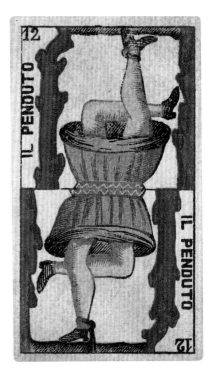

ミュラー版
〈吊られた男〉

Tarot of Marseilles by J. Muller
19世紀末頃　スイス／シャフハウゼン　夢然堂蔵

ヴィアッソーネのピエモンテ版
〈吊られた男〉

Piedmont Tarot by Alessandro Viassone
1900年前後（?）　イタリア／トリノ　夢然堂蔵

＊各パックについては第1巻「愚者・奇術師」〔17〜19頁〕で解説

名画に見る〈吊られた男〉

ピエトロ・ロレンツェッティ
《吊るされるユダ》
1310年代　フレスコ壁画
サン・フランチェスコ大聖堂
下堂蔵（アッシジ）

銀貨30枚と引き換えにイエスを裏切った
イスカリオテのユダは自らの行いを悔や
み、首を吊って死んだ。キリスト教美術
で自殺するユダが描かれることは多くな
く、本図もイエスの生涯を描く一連の物
語画の中でひっそりと描かれている。

ミンキアーテ版
〈吊られた男〉

Minchiate Tarot
1860-90頃　イタリア／フィレンツェ
フランス国立図書館蔵（パリ）

「吊られた男」が手にした金貨入り
の袋は、金でイエスを売った裏切
り者のユダを思わせる。このパッ
クは16世紀フィレンツェに起源を
発し、通常の1パック78枚と異な
り97枚からなる。

歴史上初の「占い専用」のタロットであるエテイヤ版ではジェブラン〔右図〕の影響を受けてのことか、「賢慮」の札が見られる。これは旧約聖書のモーセをも表し、言葉における賢明さを象徴するものだと解説にある。

グラン・エテイヤ
（タロット・エジプシャン）
〈賢慮〉
Grand Etteilla or Tarot Égyptien
1875-99頃　フランス／パリ　鏡リュウジ蔵

アントワーヌ・クール・ド・ジェブラン著
『原初世界 —— 分析され、現代世界と比較された』(1777-81) より〈賢慮〉

「吊られた男」はもともと片足で立つ「賢慮」だったか

18世紀末、百科全書派の学者ジェブランは、「吊られた男」が本来「賢慮」であり、無知な版画職人が上下を反転させてしまったものだという説を立てた。ジェブランの著書の挿絵には片足で立つ「賢慮」が見られる。

マンテーニャのタロット
〈賢慮〉

Mantegna Tarot
1530–61頃　イタリア
大英博物館蔵（ロンドン）

「吊られた男」は「賢慮」を誤っ
て逆に描いたものだという説
が18世紀に登場した。こちら
はルネサンスの画家マンテー
ニャ作と一時誤解されていた
パックに見られる伝統的な「賢
慮」の寓意。2つの顔は過去
と未来を同時に見つめている。

オズヴァルト・ヴィルト・タロット
〈吊られた男〉

Oswald Wirth Tarot
1889　フランス／パリ
フランス国立図書館蔵（パリ）

19世紀末のオカルト主義者ヴィルトによるタロット。両脇に抱える袋から貨幣らしきものがこぼれ落ちている。この「吊られた男」は英雄的能動主義を超えた、自我を手放す「受動的、神秘主義的イニシエーション」の境地を示す札だという。

ウェイト＝スミス版
〈吊られた男〉
Waite-Smith Tarot
1910　イギリス／ロンドン　夢然堂蔵

　20世紀以降のタロット文化に決定
的な影響を与えたパックの１枚。
「これまでのこの札の解釈は無益だ。
あえて言えばこの札は神とこの世
界の関係の一側面を示すものだ」
と作者のウェイトは言う。「吊られ
た男」の微笑みは謎に満ちている。

01.

フォレスト・オブ・
エンチャントメント・タロット

Artist Meraylah Allwood and Author Lunaea Weatherstone, from Forest of Enchantment Tarot, published by Llewellyn, 2019.

🌐 meraylah.co.uk
📷 meraylah

魔法の森を描く幻想的な作品。樹の洞、あるいは洞窟だろうか、繭のような守られた空間で逆さに浮遊する人物はあたかも胎児のようだ。現実世界からの一時撤退を意味するのかもしれない。

02.

スロウ・タロット

The Slow Tarot by Lacey Bryant, published by Modern Eden Gallery

🌐 laceybryant.com
📷 laceybryantart

サンフランシスコのベイエリアで活躍するレイシー・ブライアントによるパック。樹に縛り付けられ、終わりなきあやとりをする吊られた男が不条理な混乱にある人の心を象徴するかのようだ。

XII: HANGED HUMAN

03.

ルーティド・リメンブランス・タロット

The Rooted Remembrance Tarot
by Rae Serafina Barker

🌐 raeserafinabarker.com
📷 raeserafina

水面が人を映し出すようだが、よく見ると
その反射像の輪郭のほうがはっきりしてい
て、どちらが影あるいは実像なのか判然と
しない。夢と現は同じ糸で織られたひとつ
の織物であることを想起させるような作品。

04.

アネクドート・タロット

Anecdotes Tarot by Yve Lepkowski

🌐 stolen-thyme.com
📷 clownmonger

アメリカのミュージシャン、ジョ
アンナ・ニューサムの音楽を着想
源としたタロット。海の上で逆さ
になって浮遊している人物の表情
はユーモラスで、その不思議な状
況を楽しんでいるかのようだ。

近現代絵画に見る
吊られた男 ——旧来の常識も価値観も、 転覆する可能性を常にはらむ

文・千田歌秋

ウィリアム・ブレイク
『ユリゼン（第一）の書』より
《逆さに浮く男》

1794　モルガン・ライブラリー・
アンド・ミュージアム蔵
（ニューヨーク）

ピエト・モンドリアン
《ニューヨーク・シティⅠ》
1941　油彩／紙（カンヴァスに貼付）
119×115cm
ノルトライン＝ヴェストファーレン
州立美術館蔵（デュッセルドルフ）

　吊られた男は、逆さの状態が正位置という、通常と逆の視点を持つ唯一の人物で、既存の価値観に対する懐疑や常識を覆す状況を体現する存在である。『ユリゼンの書』はブレイクによる創世神話で、創造主ユリゼンが堕落の象徴として描かれる。永遠界から分離して奈落の混沌に墜ちるこの造化の神は、天上に住まう創造神という旧来の常識に対するアンチテーゼと言えよう。
　モンドリアンのこの作品は、長年逆さに飾られていたことが近年になって判明した。損傷の怖れがあるという理由から、なんと今後も天地が逆のまま展示されるようだ。「吊られた絵画」として、これが正位置になったのである。

吊られた男からのメッセージ

✦ 立ち止まり、自分を冷静に見つめよう ✦

手足を縛られ、宙吊りにされた人物。
これは自分の自由がきかず、思うようにならない
逆境にいる状態を指すように見える。
この札が出たときには、人生の歩みは
いったんストップしているようだ。
焦れば焦るほどに手足を縛っている縄の拘束は
強くなっていくようにも思える。
しかし、この札の「吊られた男」は不思議に
穏やかな表情を浮かべている。
今は静かに自分自身を見つめ、小さな自我の思いなしや
執着しているものを手放していくべきときなのだろう。
一見何も動いていないようであっても、
あなた自身の内的な状況は大きく変化している。
今は「蛹」のときなのだ。

Love / 恋愛

想いが通じているかどうかがよく見えず、もどかしい状態。
今の状況から進んでいないように感じられて焦る。
また、恋に没頭できない理由があるかもしれない。
しかし、ここで焦らないこと。今の状況を静かに見つめ、
自分の中での想いが成熟していくのを待とう。

Work / 仕事

過労が重なっているかもしれない。
仕事からの重圧に悩まされている可能性もある。
キャパシティをオーバーするものは他の人に振るようにする。
自分を犠牲にしすぎないようにすること。
一方で、奉仕的な仕事をしている人には吉兆。
報酬とやりがいのバランスをとることが鍵。

Relationship / 対人関係

自分ひとりでは解決できない状況もある。
複雑な人間関係の力学からはいったん離れて
自分自身の時間を大事にすること。
誰かのために尽くすことと、自分のために
自身のリソースを使うことのバランスを考えるべきとき。
精神的、身体的に自分を縛りすぎないようにすることが重要。

Death

ギュスターヴ・ドレ『ヨハネの黙示録』より
《死のヴィジョン》 1865 個人蔵

ウェイト＝スミス版〈死神〉
Waite-Smith Tarot
1910　イギリス／ロンドン　夢然堂蔵

死神

Death

命　あるものは必ず死を迎える。西洋では寿命を
　　迎えること、絶え間ない戦争やペストで多く
の命が失われてきたことに目を背けず、むしろ死と
向き合ってきた。そうして生まれた「死神」の図像
は自然界の必然のサイクルを体現する。

死神 / *Death*

避けられない「死」は
新しい「生」の到来をも暗示

タロットが誕生した15世紀の西欧は「死」に取り憑かれていたと言っても過言ではないだろう。14世紀半ば、ヨーロッパを覆い尽くしたペストの災禍は、人々に「死」の恐怖をこれ以上ないほど植えつけたに違いない。

近代的な医学という武器を人類が手にするよりも前、病原菌の存在も知らない人々は、愛する者たちが次々に苦しみ倒れていくのを、ただ見守るほかなかっただろう。目に見えぬ「死」は、富める者も貧しき者も、聖職者も罪人にも等しく歩み寄り、そしてその命を刈り取っていく。

初期ルネサンスの文人フランチェスコ・ペトラルカはこう詠う。「ああ、果せるかな、野辺一面が死に満ち満ち、散文にて詩文にて、到底語り尽くしがたし」。

メメント・モリ、死を思え。そう、「死」は、愛以上にすべてに打ち勝ってしまうのだ。タロットの「死神」の強烈な図像は当時の人々がすぐそばに感じていた「死」の影を今に伝えている。

その「死」の影の存在は、科学の発達した現在でも無視することはできない。現代社会は「死」を巧みに隠蔽しているように見えるが、それでも僕たちは心の深いところで「死」を意識している。

例えば映像作品におけるタロットを考えてみよう。秘教文化研究者エミリー・オーガーは20世紀の映画に登場するタロットの用例を詳細に分析したが、その著作によると映画に最も頻出するタロットの札は「死神」なのだ。現代人の心にも「死神」は強烈なインパクトを与えているのである。

「生」があれば必ず「死」がある。その厳然たる事実にタロットは僕たちを向き合わせる。しかし、それはまた次の「生」の準備でもあるだろう。古びたものの「死」の上に新しい「生」がある。その循環の大いなるサイクルの一局面をこの札は示すのだろう。

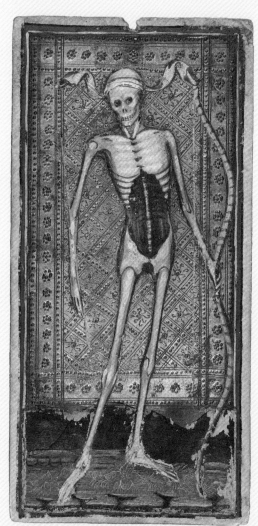

ヴィスコンティ・スフォルザ版
〈死神〉

Visconti-Sforza Tarot
1450～80頃　イタリア／ミラノ
モルガン・ライブラリー・アンド・
ミュージアム蔵（ニューヨーク）

現存する最古のタロットのひとつ。
鉢巻をした骸骨（死の寓意像）が
巨大な弓を持って立っている。そ
の腹は空洞になっていて、脊椎が
直に見え、「死」という滅びの凄惨
さを強く印象づけている。

ヴィスコンティ・ディ・
モドローネ・タロット
〈死神〉

Visconti di Modrone Tarot
1445頃　イタリア
イェール大学図書館蔵（ニューヘイブン）

馬に乗った「死」がその大鎌で、
人々の命を刈り取っている。聖職
者も権力者も、若い者も「死」の
前には等しく無力であることを強
く伝えている。

シャルル6世のタロット
〈死神〉

Charles VI Tarot
1475–1500頃　イタリア
フランス国立図書館蔵（パリ）

誤って「シャルル6世のタロット」
と呼ばれたパックだが、実際には
15世紀の作。馬に乗った「死」が
聖職者と権力者の生命を奪ってい
る様子が描かれている。

フランチェスコ・ペトラルカ
『凱旋』より
《死の勝利》

1500–05頃　写本挿絵
フランス国立図書館 (パリ)

14世紀イタリアの人文主義者ペ
トラルカによる長編叙事詩『凱
旋』では「愛」と「貞節」に続
き、「死」がその勝利をうたい行
進する。牛車の上で鎌を持つ骸
骨姿の「死」は『凱旋』の他の
版の挿絵にも見られる定型的な
描写。その足元にはペトラルカ
のミューズであり愛の象徴とし
て登場する女性ラウラが横たわ
っている。「死」の凱旋の後に、
「名声」と「時間」、そして真の
勝利者である「永遠」が続く。

名画に見る〈死神〉

ジャン・コロンブ
《矢を持つ死》
1480頃　写本挿絵　個人蔵

広大な風景を背に、こちらに微笑み
かけているように描かれた「死」。彼
が入っているのは棺だろうか。王で
あっても物乞いであっても、「死」の
矢からは誰も逃れられない。

作者不明のパリジャンのタロット
〈死神〉

Tarot Anonyme de Paris
1600–50頃　フランス／パリ
フランス国立図書館蔵（パリ）

「死」が杖にすがっているようだが、よく
見ると大鎌であることがわかる。野を進
む「死神」は、この鎌であらゆる生命を
容赦なく刈り取っていくのである。

アントニオ・チコニャーラによる
タロット〈死神〉

Tarot Card by Antonio Cicognara
1490年代　イタリア
ヴィクトリア・アンド・アルバート美術館蔵（ロンドン）

この「死」がまとっているのは枢機卿の
マントのようにも見える。その口から出
ている吹き出しのような旗には "Son Fine"、
すなわち「我は終焉なり」との言葉が書
き込まれている。

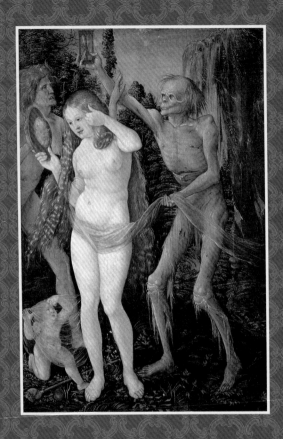

名画に見る〈死神〉

ハンス・バルドゥング・グリーン
《生の三世代と死》

1509-10　油彩／板　48.2×32.8cm
美術史美術館蔵（ウィーン）

「死」が自分の若さに見惚れる女性の頭上に砂時計を掲げるのに対し、左側の老女はそれを食い止めようとしている。またその足元には赤子の姿も見える。避けることのできない死の運命を三世代の人間で表した西洋美術の伝統的な主題のひとつ。

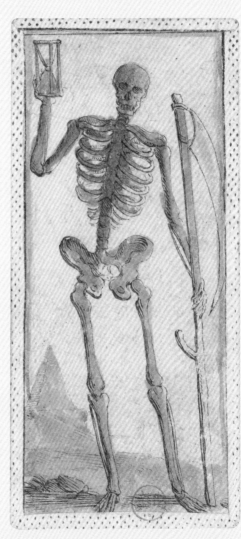

ミテッリ・タロッキ
〈死神〉

Tarocchini Mitelli
1660-70頃　イタリア
フランス国立図書館蔵（パリ）

シンプルな骸骨で表象された「死」
は、砂時計と大鎌を手にしている。
砂時計は尽きていく寿命を、大鎌
は生命を刈り取る道具を象徴してい
るようだ。ジュゼッペ・マリア・ミ
テッリが17世紀ボローニャの伯爵
の注文で制作したというパック。

名画に見る〈死神〉

アルブレヒト・デューラー
《騎士と死と悪魔》
1513　エングレーヴィング　25×19.6cm
メトロポリタン美術館蔵（ニューヨーク）

馬に乗った「死」はここでも砂時計を掲げ、山羊の頭を持つ「悪魔」とともに騎士に何かをささやいている。左下には髑髏もひそかに描かれる。だが美徳を体現する馬上の騎士は彼らに注意を逸らされることなく、まっすぐに歩を進める。

タロッキ・フィーネ・ダッラ・トッレ
〈死神〉

Tarocchi Fine dalla Torre
17世紀　イタリア／ボローニャ
フランス国立図書館蔵（パリ）

大鎌を持った「死」はギャロップで駆け
る馬に乗って進んでいるように見える。
「死」が馬に乗って描かれるのは、聖書の
『ヨハネの黙示録』の影響だろう。

ミンキアーテ版
〈死神〉

Minchiate Tarot
1860～90頃　イタリア／フィレンツェ
フランス国立図書館蔵（パリ）

フィレンツェで誕生した97枚のタロットか
ら、丘を背景に勢いよく駆ける馬に乗って
疾走する「死」。その勢いは、生命を奪っ
ていく疫病の拡大の恐るべき速度を象徴
しているように見える。「死」の疾走を止
めることは誰にできようか。

マルセイユ版タロットの世界

文・夢然堂

　種パックに共通するのは、「大鎌を振るう死神」というデザインである。今回紹介した図版ではブザンソン版のみ左右が逆転しているが、木版画という性質上、古版パックには珍しいことではない。地上には（鎌の刃さえ見えないヴィアッソーネ版を除いて）そこかしこに人間の手足や頭部が散らばっている。よく見ると、「死神」の前方に転がる男性の首は王冠を戴いている。死は身分に関わりなく平等に訪れる、という「死の舞踏」的な表現だが、同時に錬金術的な隠喩（メタファー）の雰囲気も漂う。

　マルセイユ版の大半においてこの札のみ、おそらくは不吉であるという理由で、札名が記されていない。しかし、古い文献や一部のパックには、"LA MORT" との名称が見られる。この札名からの連想で、少々力技の解釈遊びにお付き合い願いたい。

　ピエール・ミショーの詩やティツィアーノの絵の題材などにもあるが、人間が抗えぬ3つの大きな力が、「愛（amour）」と「運命（fortune）」と「死（mort）」である。名称に注目すると、「愛」のみが男性名詞で、後二者はともに女性名詞。ここで、第6番「恋人」札〔第4巻・19〜21頁〕に注目されたい。上空には、「愛」を司る男性神クピドが描かれている。そして地上右側にいる女性の左手は、コンヴェル版をはじめ多くのパックで、第10番札の「運命の輪」〔第6巻・21〜23頁〕の取っ手をちょうど握れるくらいの高さに描かれているのだ。仮に彼女の正体を「運命」の女神とするならば、その反対側にいる画面左手の女性は、第13番で同じような横顔を見せている「死」の女神（モルタ）でもあるのかもしれない。そう捉えれば、「恋人」札は3つの不可抗力に取り囲まれた、無力な人間の姿を表しているとも取れるのである。

ルヴァンのニコラ・コンヴェル版
〈死神〉

Tarot of Marseilles by Nicolas Conver
1860年代頃　フランス／マルセイユ　夢然堂蔵

カモワンのニコラ・コンヴェル版
〈死神〉

Tarot of Marseilles by Nicolas Conver
19世紀末　フランス／マルセイユ　夢然堂蔵

ルノーのブザンソン版〈死神〉

The Besançon Tarot by Renault
19世紀前半　フランス／ブザンソン　夢然堂蔵

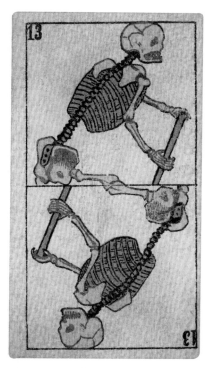

ミュラー版
〈死神〉

Tarot of Marseilles by J. Muller
19世紀末頃　スイス／シャフハウゼン　夢然堂蔵

ヴィアッソーネのピエモンテ版
〈死神〉

Piedmont Tarot by Alessandro Viassone
1900年前後 (?)　イタリア／トリノ　夢然堂蔵

*各パックについては第1巻「愚者・奇術師」〔17〜19頁〕で解説

名画に見る〈死神〉

フアン・デ・バルデス・レアル
《束の間の命》

1670-72頃　油彩／カンヴァス
220×216cm
救済病院附属聖堂蔵（セビーリャ）

鎌を手に、棺を脇に抱える「死」が台の上の蝋燭の火を消している。背景のラテン語は「一瞬のうちに」を意味する。「死」が踏みつける地球儀や豪華な衣装、書物はこの世のはかなさを表し、人間の命も栄華も長くは続かないことを伝えている。

ヴァンデンボルル・
バッカス・タロット
〈死神〉

Vandenborre Bacchus Tarot
1790-1850　ベルギー／ブリュッセル
フランス国立図書館蔵（パリ）

スカーフをなびかせた骸骨として
の「死」が大鎌を持つ定番の構図。
地面の目立つ花は、これから刈り
取られようとする生命だろうか、そ
れとも「死」の行進の後に残る生
命だろうか。

オズヴァルト・ヴィルト・タロット
〈死神〉

Oswald Wirth Tarot
1889　フランス／パリ
フランス国立図書館蔵（パリ）

19世紀末のオカルト主義者オズヴァルト・
ヴィルトによる「死神」。ヴィルトによれ
ばこの札は「万物を新しくする変成原理、
進化の決定的歩み」などを意味するという。

グラン・エテイヤ
（タロット・エジプシャン）
〈破壊と死〉
Grand Etteilla or Tarot Égyptien
1850-75頃　フランス／パリ
フランス国立図書館蔵（パリ）

グラン・エテイヤ
（タロット・エジプシャン）
〈死神〉
Grand Etteilla or Tarot Égyptien
1850-90頃　フランス／パリ
フランス国立図書館蔵（パリ）

18世紀末のカード占い師エテイヤに帰せ
られるタロットパックから2種。一方の
「死」はその友である時間の象徴、砂時計
を持つ。もう一方は赤い衣を着た「死」
が振り返りつつ歩く。現代の復刻版に添
えられた解説によれば「何事も今急いて
行動してはならない」とある。

ウェイト゠スミス版
〈死神〉

Waite-Smith Tarot
1910 イギリス／ロンドン 夢然堂蔵

20世紀以降のタロット文化に決定的な影響を与えたウェイト゠スミス版。鎧を着た「死」がバラの模様の旗を持つ。背景には太陽が見えるが、作者のウェイトはこれを「不滅の太陽」と呼ぶ。肉体の死を超える霊的な存在の再生を示す。

01.

タロ・ブラジレイロ

O Tarô Brasilêro by Breno Loeser

🌐 brenoloeser.com
📷 brenoloeser

ブラジルのアーティスト、ブレーノ・ローザーの作品。樹木の切り株の上に載せられたチェーンソーによって「死神」を表現。森林破壊の問題を提議しようとしているのだろうか。

02.

ローズバッド・タロット

Death Card © 2023 Amanda Lee Stilwell from The Rosebud Tarot published by Weiser Books, an imprint of Red Wheel/Weiser, LLC.

🌐 rosebudtarot.com
📷 rosebudtarot

その名の通り、バラのモチーフが多用されている印象的なタロット。このパックではタイトルが改変されている札も多いが、この札は伝統的な「死」がそのまま用いられている。

DEATH-13

03.

セイクリッド・シスターフッド・タロット

The Sacred Sisterhood Tarot by Coni Curi,
printed by Quarto Publishing Group 2021.

🌐 conicuri.com
📷 conicuri

「女性の絆」（シスターフッド）の表題通り、女
性の聖性を取り戻そうとするタロット。ヴィ
ンテージのポスターを思わせるアートで構
成されており、その登場人物は女性の姿に
置き換えられている。

04.

妖怪予知タロット

Yokai Yochi Tarot by buboplague

🌐 ohnooo.net
📷 buboplague

日本の妖怪をテーマにし、墨を使っ
て描かれたユニークなタロット。「死
神」の札は、死者を弔っているので
あろう線香の煙から、しゃれこうべ
がいくつも出現するという、実に独
創的なデザインとなっている。

近現代絵画に見る
死神
―― 命を刈り取ると同時に
死後に訪れる安らぎを暗示

文・千田歌秋

アルノルト・ベックリン
《戦争》（第2ヴァージョン）
1897頃　テンペラ／板　222×170cm
チューリヒ美術館蔵

　死の擬人化である死神は、命を刈り取る恐ろしい魔物でもあり、同時に生の苦痛から解放してくれる慈悲深い天使でもある。

　ベックリンほど、死の本質に迫ろうとした画家はいないだろう。聖俗、静動、美醜、多様な要素を持つ死の、暴力的な側面を強調したのがこの作品である。男性と女性は破壊と恐怖を、鎌を揮う骸骨の騎士は戦争がもたらす容赦なき死を表している。

　ド・モーガンは、天使がそっと時間を止めることで訪れる、穏やかで静的な死を描いた。天国から迎えに来たこの使者は、冬が終わって春の花が咲くように、死後に美しい道が続くこと、死は恐れるものではないことを、優しく教え諭しているのである。

イヴリン・ド・モーガン
《死の天使 I》
1880　油彩／カンヴァス　112.8×93cm
ド・モーガン財団蔵 (バーンズリー)

死神からのメッセージ

★ 執着を捨て、新たなステージへ ★

荒野を静かに進んでいく「死」を示すこのカードは、
すべての物事に「死」あるいは「終焉」が
あることを語りかけている。
通俗的な意味では、このカードは決して
手放して喜べるものではないだろう。
しかし、この「死」は必ずしも肉体の、
文字通りの「死」ではないことを意識しておこう。
それは自然のサイクルの中で不可避の、
受け入れなければならないひとつの節目を表す。
あるいは過去の自分を清算することを示すのかもしれない。
新しいことを始めるためには、
古いものを捨て去っていかなければならないのである。
何事にも「卒業」の局面が訪れる。
今は何かを手放し、次のステージを見つめるべきとき。

Love / 恋愛

恋の終わり。これまでの状況が終焉を迎えようとしている。
関係を解消していくべきとき。自分自身の未練を断ち切る。
相手に対しての自分の考え方が大きく変わる時機かもしれない。
少なくともこれまでの関係性からあなた自身が
抜け出すことが必要なときなのだろう。
あるいは、これまでのあなた自身を大きく変容させる恋を暗示。

Work / 仕事

進行中のプロジェクトや希望にストップがかかることがある。
希望的観測だけで進めていたことは失敗する。
しかし、計画を抜本的に見直すこと、過去を断ち切って
まったく新たな視点から物を見ることによって
小さな、しかし次のステージへの芽を見出せる。
肉を切らせて骨を断つような仕事。

Relationship / 対人関係

古くなってしまった関係を断ち切ることが必要。
よき出会いがあるとするなら、よき別れもまたある。
喪失の悲しみから、新しい希望が生まれる。
また、これまでの付き合い方を大きく変えていくべきとき。
合理的に考え、情だけでのつながりは切るべきだろう。

ゲームとしてのタロット　米光一成

タロット使いのみなさんには、ぜひタロットをゲームとして遊んでみてほしい。タロットは元来、遊戯用のカードだったわけだし、ゲームとしていま遊んでみてもおもしろい。だが、それ以上にプレイすることでタロットについて体感的理解が深まるからだ。

タロットで遊ぶゲームは、トリックテイキングと呼ばれる。

親から順にカードを1枚ずつ出していく。このとき、親が出したスートに従う必要があり、これをマストフォローと呼ぶ。たとえば親がワンドのカードを出したら、ワンドのカードを優先して出さなければならない。

全員が1枚ずつ出し、一番強いカードを出した人が、そのラウンドの勝者となる。この1ラウンドのプレイをトリックと呼ぶ。勝者は、出されたカードを得点として獲得する。トリックをテイクしていくからトリックテイキングと呼ばれるのだ（いろいろなバリエーションがあるのだが、ここでは典型的なルールを解説する）。

トリックの勝者は、次の親になる。これを手札がなくなるまで繰り返して、たくさんのトリックを獲得した者がゲームの勝者となる。

カードは、キング（王）が一番強く、続いてクイーン（女王）、ナイト（騎士）、ペイジ（小姓）、そして数字の大きい順に強い。

キングが圧倒的に強いのでは、逆転が起こりにくい。逆転が起こったほうがおもしろい。だから、キングより強いカードがあるといいのでは？と発想するのは自然だ。

そこで発明されるのが切札である。タロット的にいえば大アルカナだ。キングよりも強い16の神々の寓意画像を、ミラノ公フィリッポ・マリア・ヴィスコンティは考え、カードに追加する。1423年には、フィレンツェで「8つの皇帝のカード」を購入した記録が残っている。これも、切札として王よりも強い皇帝のカードを加えたのだろう。

タロットを「大アルカナと小アルカナから構成されるカード」とする

ならば、この頃がタロットカードの誕生となるはずだ。

さて、切札となる大アルカナ、王よりも強いのだが、ただ強いだけでは意味がない。ここで効いてくるのがマストフォローだ。手札が豊富にある前半は、親と同じスートのカードを出さなければならないので、なかなか大アルカナは出せない。親が出したスートのカードを持っていない状況になったとき、つまり手札が減ってきた後半にようやく出せるようになる。そして、いざというときに出して逆転を狙うことになる。

そして愚者だ。愚者は切札ですらない。他の大アルカナたちとまったく働きが違う。

それどころか根幹的なメカニクスであるマストフォローすら守らなくていい。親が出したスートにかかわらず、いつどのタイミングで出してもよいカードなのだ。

だが、他の大アルカナたちと違って、キングより強いという特性はない。それどころか、何にも勝てない。

何にも勝てないカードに意味があるのか。あるのだ。たとえば、親がカップのキングを出した。自分の手札にカップのクイーン1枚しかなかったら、このクイーンを出さなければならない。だが、愚者を持っていれば、いつでも使えるこのカードを出して、クイーンを温存できる。カップのキングはこのラウンドで退場したので、のちのラウンドではカップの中でクイーンが最強になるのだ。

つまり愚者があるために最初から最強のカードを出す作戦が取りにくくなり、駆け引きが生じるのだ。

自由奔放に出せることによって、のちに逆転のチャンスを生みだすカードなのである。愚者によって場は予想外の展開になり（まさにトリックスター）、ゲームはさらにおもしろくなる。

大アルカナと小アルカナの関係性、愚者の特異性などを体感する意味でも、ぜひタロットのゲームを遊んでみてほしい。

（よねみつ・かずなり　ゲーム作家）

切札一覧（大アルカナ）

* 図版はすべて、ウェイト＝スミス版（1910、イギリス／ロンドン、夢然堂蔵）。
* 掲載順は伝統的なマルセイユ版に基づき、第8番を「正義」（第5巻）、第11番を「力」（第6巻）とした。
* 数札・人物札（小アルカナ）は第12巻に掲載。

0 愚者
The Fool〔第1巻〕

1 奇術師
The Magician〔第1巻〕

6 恋人
The Lovers〔第4巻〕

7 戦車
The Chariot〔第4巻〕

8 正義
Justice〔第5巻〕

9 隠者
The Hermit〔第5巻〕

14 節制
Temperance〔第8巻〕

15 悪魔
The Devil〔第8巻〕

16 塔
The Tower〔第9巻〕

17 星
The Star〔第9巻〕

2 女教皇
The High Priestess〔第2巻〕

3 女帝
The Empress〔第2巻〕

4 皇帝
The Emperor〔第3巻〕

5 教皇
The Hierophant〔第3巻〕

10 運命の輪
Wheel of Fortune〔第6巻〕

11 力
Strength〔第6巻〕

12 吊られた男
The Hanged Man〔第7巻〕

13 死神
Death〔第7巻〕

18 月
The Moon〔第10巻〕

19 太陽
The Sun〔第10巻〕

20 審判
Judgement〔第11巻〕

21 世界
The World〔第11巻〕

鏡 リュウジ (かがみ・りゅうじ)

占星術研究家、翻訳家。1968年、京都府生まれ。国際基督教大学卒業、同大学院修士課程修了 (比較文化)。英国占星術協会会員、日本トランスパーソナル学会理事、東京アストロロジー・スクール主幹。平安女学院大学客員教授、京都文教大学客員教授。著書に『鏡リュウジの実践タロット・リーディング』『タロット バイブル 78枚の真の意味』(以上、朝日新聞出版)、『タロットの秘密』(講談社)、『はじめてのタロット』(ホーム社)、訳書に『ユングと占星術』(青土社)、『神託のタロット ギリシアの神々が深層心理を映し出す』『ミンキアーテ・タロット』(以上、原書房)など多数。『ユリイカ タロットの世界』(青土社)責任編集も務める。

夢然堂 (むぜんどう)

古典タロット愛好家。『ユリイカ タロットの世界』(青土社)では、「『マルセイユのタロット』史 概説」と「日本におけるタロットの受容史」を担当。その他、国内外の協力作品や企画多々。第4回国際タロット賞選考委員。福岡県在住。

千田歌秋 (せんだ・かあき)

東京麻布十番の占いカフェ&バー燦伍 (さんご) のオーナー占い師およびバーテンダー。著書に『はじめてでも、いちばん深く占える タロット READING BOOK』(学研プラス)、『ビブリオマンシー 読むタロット占い』(日本文芸社)がある。

写真協力：夢然堂／鏡リュウジ／アフロ (akg-images, ALBUM)

アルケミスト双書　タロットの美術史〈7〉

吊られた男・死神
おとこ　しにがみ

2024年5月20日　第1版第1刷発行

著者	鏡リュウジ	
発行者	矢部敬一	
発行所	株式会社 創元社　https://www.sogensha.co.jp/	
本社	〒541-0047 大阪市中央区淡路町4-3-6	
	Tel.06-6231-9010　Fax.06-6233-3111	
東京支店	〒101-0051 東京都千代田区神田神保町1-2 田辺ビル	
	Tel.03-6811-0662 (代)	
印刷所	図書印刷 株式会社	
装幀・組版	米倉英弘・鈴木沙季・橋本葵 (細山田デザイン事務所)	
編集協力	関弥生	

©2024 Ryuji Kagami, Printed in Japan　ISBN 978-4-422-70167-7 C0371
〈検印廃止〉乱丁・落丁本はお取り替えいたします。定価はカバーに表示してあります。